A Cruise to the Galapagos Islands

Antonio Cisneros

A Cruise to the Galapagos Islands

(New Marian Songs)

Translated by William Rowe

Shearsman Books

This translation published in the United Kingdom in 2013 by
Shearsman Books
50 Westons Hill Drive
Emersons Green
BRISTOL
BS16 7DF

Shearsman Books Ltd Registered Office
30–31 St. James Place, Mangotsfield, Bristol BS16 9JB
(this address not for correspondence)

www.shearsman.com

ISBN 978-1-84861-269-3

Un crucero a las Islas Galápagos was first published in Peru by
Ediciones PEISA S.A.C., 2005
Av. Dos de Mayo 1285,
San Isidro
Lima 27
Perú

editor@peisa.com.pe

Contents

A Cruise to the Galapagos Islands

(New Marian Songs)

Un viaje por el río Nanay

1

No es en esos meandros, donde viven los peces de agua dulce, que yo el gran capitán broadcaster destajero, con cien pesos al mes mientras navego y ciento treinta cuando estoy en tierra, he sentido terror por lo que resta de mi ordinaria vida. El terror a las garras del tigre, frías rodajas de cebolla cruda, lo sentí más bien en la terraza de ese bar tenido por alegre, amasijo de piernas y traseros bajo el ardiente sol, a pocos metros de la Plaza de Armas, resbaloso igual que la cubierta de un crucero barrido por las olas, clavado en una roca sobre el río Nanay.

A Journey up the River Nanay

1

It wasn't in those meanders where freshwater fish swim about that I, magnificent captain broadcaster freelancer, on a hundred pesos a month on the water and a hundred and thirty on land, felt terror at what's left of my ordinary life. Terror of the tiger's claws—cold arcs of raw onion—I felt on the terrace of that so-called happy bar—a mass of legs and buttocks under the burning sun—a few metres from the main square, slippery as the deck of a cruise ship awash with waves, wrecked on a rock in the river Nanay.

2

Estamos en la época del año en que las tortugas desovan en la playa y luego se sumergen río abajo como si huyeran (o se avergonzaran) de sus crías, es decir unos quelonios cegatones y fofos, buenos para estofarlos a partir del medio año de edad. Ají pipí de mono. Revuelo de las faldas de algodón abiertas en el muslo hasta esas ancas saladas y perfectas. Un coleóptero transita entre la luz. Se hace papilla. Y, sin embargo, quieto es el vuelo del martín pescador sobre las aguas quietas. Nada hace sospechar los turbulentos cardúmenes de peces, girando en lo profundo como moscas en torno al orificio enloquecido de una dorada real.

2

It's the time of year when the tortoises lay their eggs on the beach and then swim downriver as if wanting to escape from their young (or ashamed of them), those soft-bellied, half-blind chelonians, good for a stew when they're six months old. Monkey prick chilli. Cotton skirts slit up the thigh flare to those perfect salted buttocks. A coleopteran crosses the light. Pulped. And still the kingfisher flies quietly over the quiet waters. Nothing speaks of the turbulent shoals of fish swirling in the depths like flies around the maddened orifice of a gilthead bream.

3

También hay un silencio cerril azul de Prusia. Detrás de las persianas de madera, unas veinte cabezas de ganado cebú se sobajean con tal solicitud que todo hace pensar en un perverso pacto, más oscuro que una deuda de juego o una historia de amor. Por lo demás, tan sólo hay que mirar cómo descienden las aguas del Nanay al pie de mi ventana para saber que tenemos casi 40 grados a la sombra y 90% de humedad. Ahora sé que en los grandes calores debo alejarme de las mantas de lana y de los cuerpos que dan horrible sed y calientan el aire.

3

There's a wild, Prussian blue silence, also. On the other side of the wooden blinds, around twenty oriental cattle rub against each other so intently that the thought comes of some perverse pact, darker than a gambling debt or a love story. Besides, it's enough to look at how the waters of the Nanay flow beside my window to know it's almost 40 degrees in the shade and 90 percent humidity. Now I know when the heat is intense I need to keep away from woollen blankets and bodies that produce a horrible thirst and heat up the air.

4

De pronto, sin qué ni para qué, termina el pastizal bajo la niebla. Allá donde el paisaje es un grabado con fresnos, eucaliptos y matas de geranio. Hay además una mujer salpicada por las altas mareas que revientan contra los farallones. Está casi desnuda y observa una manada de delfines a prudente distancia. En realidad hay muchas cosas más. Pero ninguna es tuya, diabético tedioso. Calla y aprende. Sólo posees algunas unidades de insulina y una piara de cerdos amarillos.

4

Suddenly, without warning, the grass stops in the mist. Where the landscape is an engraving with ash trees, eucalyptus, and clumps of geraniums. There's also a woman splashed by the high waters as they dash against the rocks. Almost naked and gazing at a group of dolphins who keep a safe distance. In fact there are a lot of other things. But none of them yours, tedious diabetic. Shut up and learn. The only things that are yours are a few doses of insulin and a herd of yellow pigs.

Las ánimas del purgatorio

La Virgen del Carmelo se bambolea en la parte superior del escenario. No es gran cosa, tal vez, si la comparo con la Virgen de Lourdes, tan serena, o con la pompa de Nuestra Señora de París. Sus ojos compasivos, sin embargo, me llenan de consuelo. Igual que las hileras de faroles cuando el día se acaba y la noche no llega. Las luces amarillas de los postes sobre el acantilado. Sólo hay que ver el modo en que sostiene al Niño Dios. No como las madres primerizas, siempre atribuladas, predispuestas a dejarlo caer al primer empellón. Ese rostro impasible, por el contrario, de matrona, más que de madonna, nos anuncia que detrás de la muerte, donde cesan la gula y el afán, hay un manto protector para esta pobre almita, ya libre de las carnes registradas por las tomografías, sin tiempo ni memoria y, sin embargo, ardiendo como un chancho entre el fogón. Imposible, es verdad, imaginarse todo ese sufrimiento sin tener la certeza de que la Santa Virgen del Carmelo, rechoncha y bonachona, va a extendernos sus brazos una vez pasados miles de años o millones tal vez (en el purgatorio, total, no existe el tiempo) y enjugar nuestro llanto y despojarnos de piojos y alimañas con paciencia infinita. Mientras en las alturas resuenan las trompetas y en la tierra nos festejan los nietos adorados con ramas de algarrobo y un tambor.

Souls in Purgatory

The Virgin of Carmel sways in the top part of the scene. Nothing special, maybe, compared to the Virgin of Lourdes, with her serenity, or the pomposity of Our Lady of Paris. Still, her compassionate eyes fill me with consolation. Like the rows of streetlamps when the day ends and night hasn't come. The yellow lights above the cliff top. Just look at the way she holds the Christ child. Not flustered like first time mothers who'll drop the baby at first shove. The calm face, more like a matron than a Madonna, tells you that behind death, where gluttony and desire cease, there's a protective shield for this soul when it's free of x-rayed flesh, without time or memory but still burning like a roasting pig. Impossible, in fact, to imagine all that suffering without the certainty that the chubby and good-natured Holy Virgin of Carmel will stretch out her arms to us after thousands or maybe millions of years (in purgatory after all there's no time) and wipe away our tears and with infinite patience remove the fleas and bugs from us. While the trumpets sound on high and on the earth our much-loved grandchildren honour us with carob branches and a drum.

Una visita arqueológica

No sé por qué razón, pero él estaba afanado en que mostrara un miedo pavoroso ante la vista de ese cerro naranja, crecido y arrumado como un caballo muerto entre los arrozales. "¿No sientes que te devora el alma?", me decía y yo atinaba apenas a decirle que no y protegerme de los rayos del sol y la ventisca que viene de los fardos funerarios. Después, bajamos a la playa y dimos cuenta de un plato de cangrejos, mientras él insistía en sus rituales, más bien aparatosos, despojados de toda compasión. Y no cejó, hasta la hora calma de los tumbos que se anticipa a las mareas altas. Los muertos, sin embargo, seguían en su sitio, holgados, bien dispuestos y armoniosos. Mi pobre alma inmortal, a pesar de las salmodias y el bochinche, permanecía intacta como el sol o un cactus venenoso. Una moto veloz brilló, de pronto, entre los algarrobos negros de la noche.

An Archaeological Visit

I don't know why it was but he kept wanting me to show a deadly fear of the orange hill that stuck out like a dead horse dumped in the rice fields. "Don't you feel it's eating your soul," he said and all I managed to do was say no and hold off the intense sunlight and the wind that came from the funeral bundles. Afterwards we went down to the beach and did justice to a dish of crabs while he insisted on his rituals which were by now ostentatious and merciless. And he didn't stop until the calm hour of the long waves that come before high tide. The dead, however, stayed in their place—comfortable, well-located, harmonious. My poor immortal soul, in spite of the droning voice and the roar of surf, remained intact like the sun or a poisonous cactus. A fast motorbike flashed suddenly between the black carob trees of the night.

La ciudad

Y qué fue de la ciudad descrita, hasta hace poco, con lujo de detalles. Resta tan sólo una camioneta de doble tracción atrapada en el lodo y las copas verdinegras de los inmensos ficus africanos. Apenas si fue ayer que los exvotos (una cabeza, un par de riñones y un pulmón) brillaban en el muro occidental de la capilla. Milagros portentosos del santo padre Urraca, modelo de prudencia y castidad. Igual se han hecho polvo los altos ventanales (sorbetes deleitosos) de la antigua botica francesa. El malecón azul (nombrado con amor entre mis versos) es sólo un roquedal hundido en la borrasca. Y, sin embargo, condenado a muerte como estoy, ¿qué puede ya importarme, en realidad, ese horizonte siniestro y repentino que aparece debajo de mi cama?

The City

And what happened to the city, described, not so long ago, with a wealth
of detail. There's only a four-by-four embedded in the mud and the
green and black tops of the immense African ficus trees. Only yesterday
the votive offerings (a head, a pair of kidneys, and a lung) shone on the
western wall of the chapel. Portentous miracles of holy father Urraca, a
model of prudence and chastity. The high windows (delicious sherbets)
of the old French chemists have also gone to dust. The blue promenade
(lovingly named in my poems) is simply rocks smashed down by the
storm. Even so, as someone condemned to death, why should this sudden
sinister horizon that appears under my bed really matter to me?

Otro naufragio

El agua ha rebalsado las bodegas y brota a borbotones. Se bambolea como un inmenso páncreas sobre el terror de los alucinados. Déjate de lloriqueos, por el amor de Dios. Sabes bien que no será el primero ni el último naufragio de la noche. En la punta del muelle, el faro es una torre redentora. Su luz revolotea, gira en redondo cada siete segundos. Es la noche propicia para una melopea. O un fox-trot. Allende la rompiente, flotan miles de ratas hinchadas por la sal.

Another Shipwreck

The water has got to the top of the holds and keeps gushing up. Swaying like a huge pancreas above the terror of the hallucinated passengers. Stop moping, for the love of God. You know it won't be the first shipwreck of the night or the last one. The light at the end of the pier is a tower of redemption. Its beam flickers, rotates every seven seconds. A good night for melopoeia. Or a fox-trot. On the far side of the breakers, thousands of rats float swollen with salt.

El boquerón de Pucusana

1

Esperé todo el verano (y parte del otoño) para tomar esta sagrada decisión. El globo dirigible se inclina levemente a estribor y a mil metros de altura sobre las playas del sur en un daguerrotipo del siglo XIX. Más allá del ozono y del olor de las corvinas fritas, ahí donde reposan los cangrejos, el mar me taponea las narices como la escarcha helada o las viejas tormentas de la arena. A la altura del kilómetro 60 está el desvío, señalado por un cartelón de kola inglesa.

The Pucusana Gully

1

I waited the whole summer (and part of the autumn) to take this sacred decision. The hot air balloon leans slightly to starboard a thousand metres above the southern beaches in a 19th century daguerreotype. Further on after the ozone and the smell of fried fish, where the crabs take their rest, the sea blocks my nose like freezing air or an old sandstorm. The turning comes at 60 kilometres and it's marked by a big advert for English Kola.

2

Santa Reina de la Medalla Milagrosa, tú bien sabes que un cristiano prudente cuelga su rana vieja bajo el sol y la deja secar. Para mí, sin embargo, se torna inevitable volver a mi memoria repleta de agujeros. Todas las aguas del océano Pacífico se agolpan en este boquerón, retumban y revientan como una manada de ratas o el tafetán de los arcángeles mayores en el Juicio Final. Cual hace medio siglo, oh castísima Madre, quiero ponerte a prueba. Perdona la blasfemia. Igual que San Tarcisio, al fin y al cabo, también te pertenezco en cuerpo y alma. Mírame, Madre, como yo me veo. Igual que un clavadista de Acapulco. Revuelto entre las aguas más profundas, las corrientes heladas rompiéndome los tímpanos y el páncreas como un trapo. Es el momento, según mis oraciones. Te corresponde, entonces, rescatarme, sano y robusto, deslumbrante animal resucitado. Un mártir redimido para la admiración de los turistas y algunos pescadores que remiendan sus redes.

2

Holy Queen of the Miraculous Medallion, you know a prudent Christian hangs up his old frog in the sun and lets it dry out. But I can't help going back to my memory that's full of holes. All the waters of the Pacific Ocean crowd through this gulley, smash and roar like a swarm of rats or the taffeta of the senior archangels at the Last Judgement. Fifty years and more I've wanted to put you to the test, oh chastest Mother. Excuse the blasphemy. In the end, like Saint Tarcisius, I belong to you body and soul. Look at me, Holy Mother, as I look at myself. Like a diver at Acapulco. Spun around in the deepest waters, the freezing currents rupturing my eardrums and my pancreas like a piece of rag. This is the moment, the one in my prayers. What you have to do is rescue me, strong and healthy, resuscitated, gleaming like an animal. A martyr redeemed for tourists to admire, and a couple of fishermen mending their nets.

3

Cierro los ojos y el rojo bermellón me roe y me rellena como un río de lava. La vergüenza. Ahora dirás, Madre, que todos en la tierra son iguales. Pero no. Yo hablo de ese rojo bermellón, más fiero que el relámpago de un fuete en las nalgas desnudas. Yo pedía un milagro. Tan sólo un milagrito. El Arca de la Alianza. Antes de que a cada quien le toque su cáncer respectivo. Allá queda, sin embargo, el boquerón sin cuerpo que velar. Un pelícano, un par de gaviotas y una bola de helado de lúcuma. Eso es todo. Voy a lavarme los dientes, para que mi nieta me reciba con su aliento nocturno.

3

I close my eyes and the deep red gnaws and courses through me like a river of lava. It's shame. You'll now say, Mother, that everyone in the world is equal. But no. I'm talking about that deep red, fiercer than the flash of a whip on naked buttocks. I asked for a miracle. Just one little miracle. The Ark of the Covenant. Before each of us gets their respective cancer. But the gully's still there and there's no dead body. A pelican, a couple of seagulls, a lucuma ice cream. That's all. I'm going to brush my teeth, so that my grand-daughter can receive me with her night breath.

En el bosque

Adónde se van las bicicletas, si no es a los suburbios de la arena mojada. Un barco ballenero perdido en la neblina. Una casona con mamparas de vidrio y un terraplén azul. Son las cosas del mar y ya no tienen la menor importancia. Al otro lado, en cambio, a cuadra y media de la panadería y a dos de la botica, se extiende una foresta interminable, repleta de tortugas y una que otra lechuza colorada. Debajo del ramaje, el aire es negro como una piel de foca. El reino de las sombras tan temido. Allá voy. Igual que un chancho viejo camino al matadero. Ancas de jabalí (cerdo peruano) y el dolor en la nuca que anticipa el tajo de la muerte. Y sin embargo, todo ese gran dolor sería lo de menos, si no fuera porque al volver los ojos al poniente, aparecen mis hijas, a lo lejos, en medio de la luz y los geranios. Entonces puedo verlas, atisbarlas, perdiéndose en la hierba para siempre, cada vez más lejanas, tan hermosas, con sus faldas floreadas y sus limpios cabellos secándose brillantes bajo el sol.

In the Woods

Where are the bicycles going, if it's not to the suburbs of wet sand. A whaling ship lost in the fog. A large house with French windows and a blue patio. Things of the sea and they don't matter at all any more. But on the other side, a block and a half from the bread shop and two from the chemists, there's an endless forest, full of tortoises and the occasional tawny owl. Beneath the branches the air is black like a seal skin. The fearful kingdom of shadows. That's where I'm headed. Like an old pig to the slaughterhouse. Haunches like a wild boar (Peruvian) and a pain at the back of the neck that anticipates the cut of death. And even so, all this great pain would be of no importance, if it weren't that as I look towards the west my daughters appear, far off, in the light and the geraniums. Then I can see them, glimpse them, disappearing into the grass for ever, further and further away, so beautiful, with their flowered skirts and their shining hair drying bright under the sun.

El vuelo del murciélago

1

Fue la noche de tu primera comunión (¿o de tu matrimonio?). El sacerdote llevaba, en todo caso, una casulla de color dorado y las grandes arañas de cristal chisporroteaban como las hojas de un álamo temblón. Los rebaños pastaban apacibles en la frontera de los acantilados. La nave principal tenía ese misterio que sólo corresponde a los amores de jóvenes esposos o a los instantes previos al domingo de la Resurrección. Ahora estoy seguro de que fue en pleno matrimonio. Y aunque nunca escuché ni un dime ni un direte, las luces se extinguían conforme remontaban a los cielos, igual que el verde pasto en los estadios cuando apagan la luz. Puedo ver tu futuro entre las tripas de algún necio batracio partido en dos mitades como un pan. Lo que ya no tiene la menor importancia. La cosa es que esa noche, en los entretelones de la cúpula, una media toronja apachurrada, las sombras más oscuras se colgaron, redondas y brillantes, como un racimo enorme y aguachento de uvas de Borgoña.

The Flight of the Bat

1

It was the night of your first communion (or your wedding?). The priest, at any rate, wore a gold cassock and the huge glass chandeliers sputtered like the shaking leaves of a poplar. The flocks pastured quietly along the line of the cliffs. The great nave mysterious as the love of the newly married or the moments before the Sunday of Resurrection. Now I'm sure it was in the middle of the wedding. And though I never heard a will you nor an I will, the lights were extinguished as they went up into the sky, like the green grass in a stadium when they turn off the light. I can see your future in the entrails of some silly toad sliced in two like a loaf of bread. Which doesn't matter any more. The thing is that that night, up near the dome, a squashed half grapefruit, the darkest shadows hung in the air, round and shiny, like a huge dripping bunch of Bourgogne grapes.

2

Ahora está más clara la postal. Al fondo del paisaje se revuelven, veloces y agitados, contra el altar mayor. Las sombras de sus alas desordenan los pechos azulinos de la novia. Pero la novia, tabernáculo cegado por la felicidad, ni mira ni los ve. Son dos o tres murciélagos, pequeños, es verdad, pero más persistentes que las moscas borrachas en medio del verano. Se estrellan en su vuelo a la deriva contra los arrecifes y los montes que sostienen la nave principal. Se hacen puré. Mira, dijiste, una bandada de palomas torcazas después del aguacero. Puedo reconocerlas. Igualitas. Con el mismo plumaje tornasol, allá revoloteando sobre los matorrales suculentos del valle del Mantaro. Es el instante de la consagración. Allá revoloteando, entre la aureola de los recién casados, sus frágiles membranas cubiertas de pelusa, su corazón de palo, sus colmillos.

2

The postcard is clearer now. In the background of the scene they're flying, fast and excited, around the altar. The shadows of their wings disturb the bluish breasts of the bride. But the bride, in a tent of happiness, isn't looking and can't see them. They are two or three bats, small ones, for sure, but more persistent than drunken flies in midsummer. They smash to pieces as they fly down against the cliffs and hills that hold up the great nave. Like mashed potato. Look, you said, a flock of turtle doves after the rain. I can see them. Yes, the same. With the same iridescent feathers, fluttering above the succulent shrublands of the Mantaro Valley. It's the moment of the consecration. Fluttering up there, in the halo of the newly married, their fragile membranes covered with down, their wooden heart, their eye-teeth.

El reposo de un jesuita

1

Y quién puede saber, a ciencia cierta, si el dulce animalito que pasta entre su tráquea está llorando. A primera vista, el cuerpo permanece con los poros abiertos y en la misma posición desde hace tres semanas (casi un siglo). Igual que una columna tallada de granito tumbada entre la hierba, cubierta a medias, levemente, por las sábanas y una frazada de color melón. Los deudos y unas pocas plañideras (rentadas a buen precio) sólo ven la columna tallada de granito tumbada entre la hierba, cubierta a medias, levemente, por las sábanas y una frazada de color melón.

A Jesuit's Rest

1

And who would know, for sure, if the sweet small animal pasturing in your throat is crying. At first sight, the body has stayed with its pores open and in the same position for three weeks (almost a century). Like a carved granite column lying in the grass, half covered, lightly, with sheets and a yellowish blanket. The bereaved and a few professional mourners (who must have cost a bit) only see the carved granite column lying in the grass, half covered, lightly, with the sheets and a yellowish blanket.

2

En qué rincón del páncreas aletean los diablos de Lutero. En dónde los llamados oscuros y gozosos de la peluda pelvis. En medio del silencio (una libélula de sondas amarillas y un gran pulmón de acero) revientan los aullidos y bramidos y berridos y maullidos y gruñidos y balidos y mugidos y ladridos y rugidos y chillidos y alaridos. Eso depende de cuál de sus animalitos se despierta. A menudo, también, los gritos de la bestia desollada (columna de granito) se pueden confundir con los jadeos de amor apasionado. Fantasmas que perturban el silencio de la mañana azul del hospital.

2

In what corner of the pancreas are Luther's devils hovering. Where are the dark blissful calls of the hairy pelvis. In the silence (a dragonfly with yellow feelers and a great steel lung) the howls and roars and bleats and mews and groans and baas and moos and barks and growls and screeches and howls. That depends on which of his small animals awakens. Often, too, the cries of the skinned beast (granite column) can be confused with the panting of love's passions. Ghosts that disturb the silence of the blue hospital morning

Madrigal

1

Entonces fui en las dunas un cazador furtivo. Descolgándome, por el desfiladero, desnudo como un melocotón, entre los almohadones de plumas y tocuyo y un matorral de albahaca. Unos potros salvajes, detrás de los portones entreabiertos, se deleitaban mirando cómo yo te miraba ahí donde tu pubis se enredaba, carmín enloquecido, entre tus muslos lisos y empapados.

Madrigal

1

Then I was a furtive hunter on the dunes. Coming down through the ravine (out of the highlands), hard and naked like a peach. Among the soft calico pillows a thicket of sweet basil. Some wild horses, through the half-open doors, took pleasure in how I looked at you where your pubis was a wild tangle, mad crimson, between your smooth damp thighs.

2

Si tenemos en cuenta la modorra (tan propia de mi edad) y este calor de 34 grados, eres una mujer casi perfecta. Me regodeo entonces con tus muslos dorados y salados como el mar. Te amo y te poseo con cierta convicción. Te miro. Y también miro, de reojo, tu blue-jeans desteñido y tu sostén de encaje apachurrados al borde de la cama.

2

If we allow for the dozing off (quite usual at my age) and the heat (34 degrees), you are an almost perfect woman. I wallow in your golden thighs, your sea-salt thighs. I love you and possess you with a certain conviction. I look at you. And out of the corner of my eyes, I also look at your faded jeans and lace bra crumpled beside the bed.

Cuarto de hospital

Las paredes son verdes (color que tranquiliza a los enfermos), como cuando murió mi padre, con los ojos abiertos, y su almita furiosa no podía pasar del cielo raso repleto de polillas y una luz de neón.

Hospital Room

The walls are green (the colour that calms the sick), like when my father died, with his eyes open, and his furious soul could not get past the ceiling plastered with moths and a neon light.

El norte

¡Ah los altos pilotes del gran muelle! Soñando siempre con un poco de plata para viajar al norte. Al mar que chapotea entre el arroz. Allá donde es tan baja la marea que puedo recorrer, sin aspavientos, las últimas rompientes y los cuatro horizontes. Soy un búfalo de aguas poderoso, con el páncreas robusto y el hígado impecable. Guardado por las pinzas de un cangrejo mi reino es inmortal. Soy el hijo favorito de la Virgen. El más amado de los pequeños dioses.

The North

Ah the tall piles of the great pier! Dreaming always of a bit of money so as to travel north The sea lapping the rice fields. Where the tide goes down so far that I can reach, without a struggle, the furthest breakers and the four horizons. I am a powerful water buffalo, with a strong pancreas and an impeccable liver. Guarded by the claws of a crab my kingdom is immortal. I'm the Virgin's favourite son. The best loved of the minor gods.

Junto al río

1

Galope de caballo a rienda suelta. Las oleadas de azúcar se enredan en mi sangre, se alborotan. Sobre todo en las mañanas del invierno. Las agujas (de acero japonés) penetran mi pellejo de naranja, poroso y escamado. Esas agujas, siempre las agujas. Un eclipse de luna entre los vasos mayores y menores. Alguna maldición.

Beside the River

1

Galloping horse, free reins. The waves of sugar tangle in my blood, make a ruckus. Especially on winter mornings. The needles (Japanese steel) penetrate my porous, scaly orange skin. Those needles, always the needles. A lunar eclipse in the major and minor blood vessels. A curse.

2

Los cristales de azúcar en mi sangre pastan azules como mansos corderos.
Una pradera repleta de alacranes.

2.

The sugar crystals in my blood at pasture and blue like tame lambs. A field full of scorpions.

3

El primer piquete de insulina es siempre en la barriga y cometido por una mano ajena. La puta vieja en su colchón floreado. Las ramas de la ruda.

3.

The first prick of insulin is always in the belly and committed by an alien hand. The old whore on her flowery mattress. The branches of rue.

El náufrago bendito

La barca de Caronte chapotea como una cucaracha entre los vericuetos del canal principal. Paloma cuculí, pretendes regodearte con mi muerte una vez más. Puedo, sin mucho esfuerzo, reconocer tu aullido pegajoso igual que una frazada en el verano, baba verde y peluda entre mi lecho. Tus torpes aleteos, tus espinas, tus ojos pitañosos vigilando esa banda sinfín que lleva a los difuntos al infierno, colgajos congelados sin memoria. Paloma cuculí, juro por Dios que no te daré gusto. Al fin y al cabo, el infarto no es tan sólo (como creen algunos) ese dolor detrás del esternón que nos sorprende saliendo del estadio. Es más bien como una tempestad de diástoles y sístoles repleta de ballenas y fragatas partiéndose en las olas (que suelen alcanzar los siete metros). Y allí estamos los náufragos boqueando entre los tumbos y el fondo submarino igual que una corvina malherida, hasta que un serafín altísimo y dorado nos libra de los yuyos con su espada de fuego y se recuesta sobre las aguas calmas bajo un cielo amarillo. Después, hecha la paz, es cosa muy difícil distinguir el manto compasivo de la Virgen de alguna terracita refrescante, con baldosas azules y jarras de cerveza, metiéndose en el mar.

The Blessed Shipwreck

Charon's boat splashes about like a cockroach in the bends of the main channel. *Cuculí* pigeon, you're looking to enjoy my death again. Without much effort, I can recognise your sticky groaning just like a blanket in summer, green hairy spittle in my bed. Your clumsy flapping, your spikey bones, your bleary eyes watching the endless belt that carries the dead to hell, frozen memoryless rags. *Cuculí* pigeon, I swear by God I will not give you what you want. In the end, a heart attack is not just (as some believe) the pain behind the breastbone that takes us as we leave the stadium. It's more like a storm of systoles and diastoles full of whales and frigates breaking up in the waves (usually nine metres high). And the shipwrecked gasp between the breakers and the sea floor like wounded hake, until a huge tall seraphim covered in gold frees us from the seaweed with his sword of fire and lies back on the calm waters under a yellow sky. Afterwards, having made peace, it's very difficult to tell the difference between the Virgin's compassionate shawl and some cool terrace with blue floor tiles and pints of beer, coming towards us in the sea.

Memoria de Punta Negra

Después de medio siglo, regresan esas playas amarillas de grandes remolinos y tumbos transparentes. Ahora puedo ver el rostro de la Virgen (Estrella Vespertina, Ancla de Salvación) entre los cables de la electricidad. Una casita, a medio construir, bendita con botellas de cerveza y el sacrificio de algún modesto buey. Ahora puedo ver las aves migratorias que vuelven a las torres del mercado medio siglo después. La bomba de agua. Un inmenso camión de coca-cola y los acantilados creciendo entre las ratas y las veredas rotas. Puedo ver muchas cosas, es verdad. Pero tan sólo los grandes revolcones en la arena, con mi primer amor, ocupan el paisaje tembloroso. Dos cuerpos de alabastro, pegajosos como una lagartija, repletos de mugidos. Igual que la rompiente en la neblina.

Memory of Punta Negra

After half a century, the yellow beaches with swirling waters and transparent breakers come back. Now I can see the Virgin's face (Evening Star, Anchor of Salvation) between the overhead cables. A half-built house, blessed with bottles of beer and a slaughtered ox of modest size. Now I can see the migrant birds coming back from the market buildings half a century later. The water pump. A huge coca-cola lorry and the cliffs growing bigger between the rats and the broken pavements. I can see many things, it's true. But only rolling over in the sand with my first love fills the trembling landscape. Two alabaster bodies, sticky as a lizard, groaning. Like the breakwater in the mist.

El campo de la Faucett

Al final de la acequia se levanta la doble columnata, media luna, en una gran pradera donde pastan todos los moscardones del verano. Mi infancia de pan y kerosene. Ahí donde se acaban las mareas. Recubro con arena mis brazos picoteados por cientos de malaguas (el mar estaba enfermo). Me zafo de las algas que revientan sus racimos dorados. Al final de la acequia se levanta el campo de aviación. Aquí estoy, de espaldas a la mar y la rompiente, tumbado boca arriba entre la hierba. Retumban las avispas y vuelan las pelusas venenosas del diente de león. Tumbado boca arriba bajo este aire, caliente y leve como una piedra pómez. Allá van los aviones. Los aviones biplanos pintados de naranja descienden de los cielos. Tocan la tierra y ruedan dulcemente sobre los pastizales hasta mi corazón.

The Faucett Airfield

At the end of the ditch a double row of columns rises skywards, a half moon shape, in a large field of grass where all the bluebottles of summer are feeding. My childhood of bread and paraffin. There where the tide's reach ended. I plaster sand over my arms stung by hundreds of jellyfish (the sea was infected). I shake off the seaweed and its golden pods burst. At the end of the ditch the airfield begins. Here I am, with the sea and the breakwater behind me, lying on my back in the grass. Wasps drone and poisonous dandelion seeds fly about me. On my back under this warm air soft as pumice. There go the planes. Orange painted biplanes come down from the sky. They touch the ground and roll sweetly over the grass towards my heart.

Nocturno

Quiénes habitan detrás de las colinas, me pregunto. Sólo he visto un Toyota amarillo aparcado en la puerta. Aunque, en verdad, no quiero conocer sus apellidos. Lo que quiero saber es si conversan, fumándose un cigarro en la terraza, o comen tallarines los domingos. Hace poco, me consta, podaron una mata de jazmines. Los vi desde un ombú. Han pintado las rejas de su casa contra la sal marina que viene desde el sur. Eso me consta. La noche detrás de las colinas es tan húmeda y negra como esta que se posa en mi ventana. Igualita, diría. Y, sin embargo, sospecho que (detrás de las colinas) no piensan en la muerte y tienen un caballo deslumbrante oculto en el jardín.

Nocturne

Who lives behind the hills I ask myself. All I've seen's a yellow Toyota parked at the door. Though I don't really want to know their names. What I want to know is do they talk, smoking on the terrace, or eat pasta on Sundays. Just a while ago they cut down a jasmine bush, it's a fact. I saw them from an ombu tree. They've painted the ironwork on the house to protect it from the sea salt that comes from the south. It's a fact. The night behind the hills is as black and damp as the one at my window. Exactly the same, I'd say. And yet I suspect that (behind the hills) they don't think about death and they have a dazzling horse hidden in the garden.

La asunción de la Virgen

Y ya no sé por qué, en medio del camino de la vida (entre la selva oscura) me dije es maravilla (sin mucha convicción) tener una vejez sabia y serena repleta de gaviotas como un campo de sal. Una luz de bengala en el jardín la noche de año nuevo. No lo sé. Cómo me gustaría, si no es mucho pedir, reposar en la playa, sin mayores apremios financieros y con buena salud. Igual que un viejo serafín tendido en un garito o apenas recostado contra un jacarandá. Así me dije (sin mucha convicción) y recordé que no sabemos nada de tu edad pasados los sesenta. Tan sólo que te fuiste en cuerpo y alma al reino de los cielos. Muerto tu hijo Jesús, la historia dejó de registrarte. La gárgola, que todo lo devora, te cobra media entrada en los teatros y te concede algunos privilegios en el bar.

The Assumption of the Virgin

I don't know why any more, in the middle of life's path (in the dark wood)
I said to myself (without much conviction) it's marvellous, a wise, serene
old age full of seagulls like a salt meadow. A firework in the garden on new
year's eve. I don't know. I'd like, if it's not asking too much, to be lying on
the beach, without major financial worries and in good health. Like an
old seraphim stretched out in a gambling joint or leaning lightly against
a jacaranda. That's what I said to myself (without much conviction) and
I remembered that we don't know anything about you when you passed
sixty. Only that you went body and soul to the kingdom of heaven. Once
your son Jesus died, history ceased registering you. The gargoyle, that
swallows everything, charges you half price in the theatre and allows you
a few privileges in the bar.

Abadía de Royamont

No hay más que ver los arcos de granito perdiéndose en el cielo igual que un remolino de abejas asesinas. Ahora sé que estoy en el centro del mundo. Detrás de ese portón, hay un adoratorio iluminado por unos cirios verdes y un ataúd de roble. Ahí reposa el rey San Luis todas las noches, con las manos cruzadas sobre el pecho, aprestándose para el Juicio Final. Su madre, Blanca Flor de Castilla, vela su sueño y espanta a los zancudos y demonios que ya revolotean sobre el joven durmiente.

Estos son los ambientes que corresponden a la segunda mitad del siglo XVI. Más allá, detrás de una farola, hay un pequeño bar. El mozo destapa una botella de champán para la felicidad de los poetas. En la puerta del refectorio, sentada en una grada de madera, una hermosa muchacha teje un ropón para un recién nacido. Debajo de mi cama, hay un cadáver pulido y reluciente como un escarabajo.

Royaumont Abbey

There's nothing to see apart from the granite arches disappearing into the sky like a swirl of killer bees. Now I know I'm at the centre of the world. Behind that door, there's a chapel illuminated by some green candles and an oak coffin. King Saint Louis lies there every night, hands crossed on his chest, preparing for the Last Judgement. His mother, Blanca Flor of Castile, watches over his sleep and shoos off the mosquitoes and the devils that're already flying around the young sleeper.

These spaces correspond to the second half of the 16C. Further off, behind a streetlamp, there's a small bar. The waiter uncorks a bottle of champagne which makes the poets happy. In the door of the refectory, sitting on a wooden bench, a beautiful girl is knitting a babygrow for a newborn child. Under my bed, there's a corpse that's smooth and shiny like a beetle.

La nieve

La bicicleta era de un verde esmeralda deslumbrante y un aro 26. La mejor que he tenido en mi vida. Y, sin embargo, allá estaba en lo más alto de la colina nevada, inmóvil y vacía como una catedral. Los campos de manzanos eran sólo un recuerdo debajo de la nieve. La Virgen y unos cuantos querubines flotaban congelados en el cielo. Mi hija Soledad condimentando ese ragú de carnes y cebollas y un viejo inglés borracho y bondadoso eran todo el invierno de Virginia.

The Snow

The bicycle was a brilliant emerald green with 26-inch wheels. The best one I've ever had. And yet, there I was, on top of a snow-covered hill, still and bare like a cathedral. The apple orchards were just a memory under the snow. The Virgin and a few cherubim floated frozen through the sky. My daughter Soledad seasoning the meat and onion stew and an old drunk friendly Englishman were all there was of the Virginia winter.

El monje loco

Es hora de la luz. Ese foco de 25 vatios (una pantalla de vidrio azul añil y flecos amarillos) separa al comedor de los arbustos y algunos roquedales que anuncian el desierto. Es una luz de mala calidad. Por lo que el gran frutero repleto de naranjas es con las justas una gallina muerta. Los comensales, en torno de la mesa, devoran las costillas de cordero, oscuros, silenciosos, como una mancha de aceite en la pared. Es la Última Cena. En esta habitación tan mal iluminada es imposible distinguir al divino Jesús. Aunque si dejamos de lado el comedor (o cenáculo) y nos hundimos, con las rodillas negras, en medio del desierto, podemos encontrar un corral de cangrejos en la arena mojada, un pomo con avispas y a las seis y cincuenta (hora del vidrio azul añil y flecos amarillos) la voz del monje loco, auspiciada por los jabones lux, la ronca carcajada, alaláu, más fiera que las ropas de lana remojadas, pegadas contra el cuerpo. Igual que un alarido en el fondo del mar.

Mad Monk

It's the moment of light. The 25-watt bulb (the glass is aniline blue with yellow flecks) separates the dining room from the bushes and rock outcrops where the desert begins. Low quality light. So the big tree full of oranges is no more than a dead chicken. The diners around the table devour the lamb cutlets, dark and silent, like an oil-stain on the wall. It's the Last Supper. In this poorly lit room it's impossible to make out the holy Christ. Though if we leave aside the dining room (or hall) and bury ourselves, with black knees, in the desert, we can find a corral of crabs on the damp sand, a jar full of wasps and at ten to seven (the moment of the aniline blue glass and yellow flecks) the voice of the mad monk, courtesy of lux soap, the raw guffaw, the snorts, fiercer than damp wool stuck to the body. Like a howl at the bottom of the sea.

El viaje de Alejandra

Me veo (veo a mi padre Alfonso) sentado como un sapo sesentón al borde de la cama. El mar se bambolea y arrastra entre sus tumbos los ropajes brillantes de las vírgenes locas y un lomo de ballena congelado. Algún avión retumba, en medio de la noche, como un temblor de tierra. Yo no sé qué hora es. Sólo sé que mi hija menor partió en la madrugada. Iba serena, con su mochila al hombro, y aunque acaba de cumplir los 23, parece un coatí adolescente. Cúbrela con tu manto, Madre mía. Yo te la recomiendo. Es una joven bella y de buenas costumbres. No la pierdas de vista. Aunque los aires estén endemoniados, como este cielo fiero al borde de mi cama. Es fácil distinguirla. Tiene el pelo amarillo y no es muy alta. Por lo demás, camina con suma dignidad. Ahora ya no sé cuántos inviernos pasarán para que vuelva a casa. Apachúrrala, Madre milagrosa. Que sean sus jornadas amables y propicias. Que los carabineros y guardias de frontera le sean bondadosos.

Alexandra's Journey

I see myself (see my father Alfonso) sitting like a sixty-year-old toad on the edge of the bed. The sea sways and drags with its waves the bright clothes of mad virgins and the frozen back of a whale. A plane's deep rumble, in the middle of the night, like an earthquake. I don't know what time it is. Only that my younger daughter left before dawn. Serene, with her rucksack on her shoulder, and though she's just had her 23rd birthday, she looks like an adolescent raccoon. Cover her with your shawl, Mother of mine. I entrust her to you. She's a lovely young woman and well brought up. Don't lose sight of her. Even though the air is full of devils, like this wild sky beside my bed. It's easy to recognise her. She's got yellow hair and isn't very tall. And she walks with a lot of dignity. How many winters before she comes back, there's no knowing. Hug her tight, Mother of miracles. Let her days be pleasant and propitious. The frontier police treat her with kindness.

Viernes Santo

No es el momento (insisto) de armar una reyerta (trocatinta) por una lata de atún y un par de pejerreyes sin escamas. Y aunque las aguas del mar están tranquilas como un corral de cerdos en la noche, un leve resplandor entre las dunas, detrás de la autopista, anuncia sin tapujos la muerte del Señor. Es un silencio jadeante y compasivo, igual que los amores licenciosos. El retablo mayor es recubierto por un telón morado. Los nísperos se pudren, sin remedio, entre las ramas al fondo del jardín. Guarda silencio, niño. No saltes ni te vistas con ropas de verano. Hurga en tu corazón, tu piedra pómez. Come ese bacalao, seco y salado, venido de los mares de Noruega. Siéntate, calladito, al pie de la mampara. La muerte es un instante difícil de explicar. Como las tardes frescas o la reproducción de las morsas salvajes. Mañana iremos a remar, alborozados, con el cabello al viento.

Good Friday

It's not the moment (I insist) to start a fight (idiotic) for a tin of tuna or a couple of scaled herrings. And though the sea is quiet like a pen of pigs in the night, a faint glow in the sand dunes, behind the motorway, speaks without subterfuge of the Lord's death. With panting and tenderhearted silence, like licentious loves. A mauve curtain covers the main altarpiece. The quinces are rotting, hopelessly, at the bottom of the garden. Keep silent, boy. Don't jump or put on summer clothes. Search inside your heart, your pumice stone. Eat that dried salt cod from Norwegian seas. Sit down, quietly, beside the screen. Death is an instant that's hard to explain. Like cool afternoons or the reproduction of wild walruses. Tomorrow we'll go rowing, jubilantly, with the wind in our hair.

Un crucero a las islas Galápagos

1

[tortugas]

Su alma es inmortal, crocante y tibia como un bollo de pan recién horneado. El Mar de los Sargazos. Los botes amarillos del lago de Barranco (hace ya cincuenta años) tatuados en el agua, remolinos de larvas y gusanos. (Sandokán, tigre de la Malasia. Las panteras de Argel). Su alma (tibio bollo) es inmortal. Se amontonan, mascarones de proa repletos de naufragios, en la isla de Darwin. Entre los bosquecillos de palmeras, los helechos y las verdes orejas de elefante. Una suerte de paisaje tropical. Igual que en el folleto que llevó al descalabro a esos marineros holandeses ("pagué por un crucero tropical y aquí me ve, rechoncho y solitario, atribulado en medio de la lava"). Las tortugas son místicas y endémicas. Tienen nombres sagrados. Es cuestión de bucear (aletas y antifaces de carey) hasta toparse, en santa comunión, con sus almas de pan recién horneado y dejarse arrastrar. En el extremo norte de la isla hay un laboratorio. En el extremo sur, una oficina de correos y telégrafos y un par de cafetines milagrosos.

A Cruise to the Galapagos Islands

1

[tortoises]

Their soul is immortal, crunchy and warm like a bread roll just out of the oven. The Sargasso Sea. The yellow boats on the lake (fifty years ago) in Barranco tattooed on the water, swirls of larvae and worms. (Sandokan, the tiger of Malaysia. The Algerian panthers). Their soul (the warm roll) is immortal. They pile up, prow masks full of shipwrecks, on Darwin Island. Among the palm groves, ferns and green elephant ears. A kind of tropical landscape. Like the leaflet that led those Dutch sailors to disaster ("I paid for a tropical cruise and here I am, fat and alone with my troubles in the middle of the lava.") The tortoises are mystical and endemic. They have sacred names. It's a question of diving (fins and masks of tortoiseshell) till, in sacred communion, they meet their souls of bread just out of the oven and allow themselves to drift with the currents. In the far north of the island there's a laboratory. In the far south, a post and telegraph office and a couple of miraculous caffs.

2

Cuando salí del cafetín, la noche estaba tan oscura que hasta las moscas habían dejado de volar. No puede ser, me dije, porque cuando entré (al cafetín) afuera era de día y el sol brillaba azul sobre los vasos dorados de cerveza y el cuello de un doncel.

2

When I came out of the caff, the night was so dark even the flies had stopped flying. It can't be, I said to myself, because when I went in (to the caff) it was daytime and the sun was bright blue on the golden glasses of beer and on the neck of a youth.

3

[iguanas]

Los animales endémicos son aquellos nacidos y crecidos en la islas. Son fofos y tristones, sin vínculo ninguno con otros territorios del océano exterior. Las manadas de iguanas, por ejemplo, sólo saben de las grandes praderas de basalto o de las almas de las iguanas muertas. Su pellejo es picante y su sangre es helada. Por eso se la pasan arrumadas, como un montón de trapos, tendidas y resecas bajo el sol. A veces parpadean contra el viento salado y se dedican, sin mayor entusiasmo, a los antiguos ritos del amor.

3

[iguanas]

Endemic animals are those that are born and grow in the islands. They're podgy and sulky, with no connection to other territories of the outer ocean. The bands of iguanas, for example, only know the great basalt plains or the souls of dead iguanas. Their skin is prickly and the blood cold. That's why they spend their time stacked up like a pile of rags stretched out dry under the sun. Sometimes they blink in the salt wind and give themselves over without much enthusiasm to the ancient rituals of love.

4

Cuando las grandes olas, repletas de medusas y sardinas, dieron cuenta por fin de las chalupas que venían del barco, salió una luna roja sobre el mar y el farallón de lava. Allí pastaban (no me preguntes cómo) unas manadas de cabras salvajes en silente tropel.

4

When the great waves full of jellyfish and sardines finally noticed the canoes coming from the ship, a red moon came up over the sea and the lava outcrop. A few herds of goats (don't ask me how) were grazing there in a silent mass.

El paisaje

Aquí el paisaje es, por lo general, una gran extensión de hierba mala y algunos matorrales de chícharos salvajes. Los húmedos cantiles que otean sobre el agua son de roca calcárea. Suelo seguro contra los terremotos (grado 7 en la escala de Richter) del Pacífico Sur. Siguiendo el litoral, hacia las playas frías, hay un par de balnearios del siglo XIX hundidos en el mar. Ahí la consistencia de los acantilados es de tierra salobre y de cascajo. Aunque lo que distingue este paisaje, sobre todo, es la niebla furiosa que sube desde el fondo del océano. Todas las luces del malecón y el reflector de la guardia costera no bastan para alumbrar el cielo. Es la niebla más densa del planeta. Mojada y negra como un ojo de perro. A veces se revuelve entre mi casa. Se cuela en las rendijas más sagradas, sin el menor empacho. En ese mismo instante, trepo raudo al altillo, abrazo sigiloso a mi mujer, envuelvo a mis dos hijas con ramas de eucalipto y las oculto en una madriguera.

The Landscape

The landscape here, in general terms, is a wide extension of weeds and a few dense copses of wild bean plants. The humid cliffs that look over the water are made of limestone. Safe ground against earthquakes (7 on the Richter scale) in the Southern Pacific. Following the shore, down to the colder beaches, there's a pair of 19th century resorts that have sunk into the sea. The cliffs there are of salty earth and rubble. Though what distinguishes this landscape, above all, is the furious mist that comes up from the bottom of the ocean. All the lights on the promenade and the coastguard beacon are not enough to light up the sky. It's the thickest mist on the planet. Damp and black like a dog's eye. Sometimes it swirls inside my house. It slips into the most sacred interstices, without the least shame. At this precise moment, I go rapidly up to the top floor, embrace my wife silently, wrap my two daughters in eucalyptus branches and hide them in a burrow.